AF337663

LA POLITIQUE AGRICOLE

APPEL

AUX

ÉLECTEURS RURAUX

PAR

M. ÉDOUARD COHEN

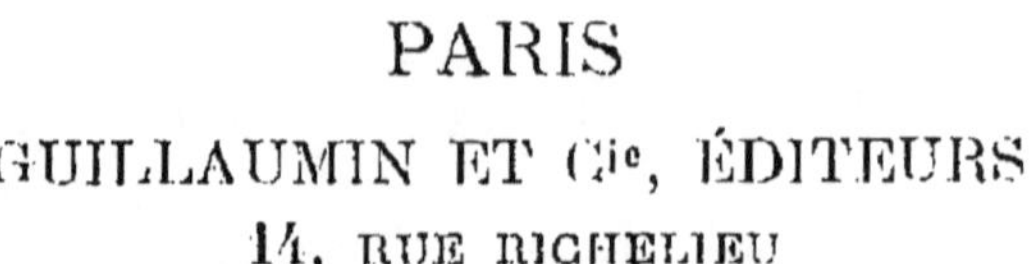

PARIS

GUILLAUMIN ET Cie, ÉDITEURS

14, RUE RICHELIEU

—

1898

LA POLITIQUE AGRICOLE

LA POLITIQUE AGRICOLE

APPEL

AUX

ÉLECTEURS RURAUX

PAR

M. ÉDOUARD COHEN

PARIS

GUILLAUMIN ET Cⁱᵉ, ÉDITEURS

14, RUE RICHELIEU

—

1898

PRÉFACE

A Monsieur Jules Frank
Directeur de La Liberté

Mon cher Ami,

Vous m'avez encouragé à publier cet opuscule, où j'étudie ce qui a été fait et ce qui doit se faire en faveur de l'Agriculture, et vous avez pensé que l'approche des élections générales y donnait un intérêt d'actualité. Je me suis inspiré, pour l'écrire, des principes que vous défendez d'une façon si élevée dans le journal que vous dirigez et auquel je suis heureux d'être associé. Je tiens à vous remercier ici de votre concours, et je vous dédie cette brochure, destinée à faire connaître un des aspects importants de notre politique libérale, comme un témoignage de notre communauté d'idée et de notre bonne amitié.

Ed. Cohen
Président du Conseil d'Administration de la Société
du Journal *La Liberté*.

LA POLITIQUE AGRICOLE

I

COUP D'ŒIL SUR LA POLITIQUE DEPUIS 1893

Lorsque, en 1893, le Suffrage Universel fut appelé à élire une nouvelle Chambre, la situation posa devant le pays plusieurs questions graves qu'il était urgent de résoudre. L'émiettement des partis et les luttes d'ambition personnelle avaient créé, dans les régions parlementaires et gouvernementales, un état de choses qui rendait à peu près impossible la constitution d'une majorité compacte et solide, enlevait toute stabilité au pouvoir dirigeant et toute fixité à l'orientation de la politique générale. L'incohérence, et l'on peut même dire l'anarchie régnaient dans les délibérations de la représentation nationale.

La confusion des systèmes et des idées y paralysait l'étude et l'exécution de toute réforme sérieuse. Le moindre incident mettait en péril l'existence des Ministères. Ceux qui gouvernaient, sans cesse exposés aux surprises de coalitions imprévues, étaient le jouet des caprices des partis, et ne pouvaient jamais compter

sur la sécurité du lendemain. L'instabilité gouvernementale était arrivée à son comble. Les crises ministé-
rielles se succédaient à bref délai, et naturellement la
politique générale du Gouvernement était aussi pré-
caire et aussi chancelante que ceux qui avaient mission
de la conduire. Dans de telles conditions, les projets de
longue haleine, les vastes horizons, les grandes pen-
sées étaient absolument interdits. On vivait au jour le
jour, trop heureux encore de vivre ; mais nul ne pouvait
compter sur un long avenir.

Pour combattre ce vice organique, on avait longtemps pratiqué le système hybride de la concentration,
qui consistait à amalgamer dans un même Cabinet et à
juxtaposer à la Chambre les représentants des divers
groupes parlementaires, sans tenir compte des divergences profondes qui les séparaient, de façon à les
associer à l'œuvre gouvernementale au sein du Ministère,
et à les faire voter ensemble au sein du Parlement.
Mais l'expérience avait malheureusement démontré
l'erreur fondamentale de cette combinaison artificielle
d'hommes et de doctrines, inconciliables en principe.
La division était dans les régions du Pouvoir comme
dans celles de la Chambre. Pour maintenir une union
factice, il fallait renoncer à aborder aucune des questions capitales sur lesquelles l'accord ne pouvait se
faire. Quelque précaution que l'on prit et quelque concession qu'on se fît opportunément, les dis-
sentiments ne tardaient pas à éclater et l'édifice de pure
façade, manquant de fondements, s'écroulait de lui-
même.

Ce fut, pendant des années, la cause directe de l'impuissance et de l'instabilité du Gouvernement ainsi que

de la stérilité du travail législatif. A la fin de la législature de 1889, les Chambres et le pays tout entier avaient conscience des graves inconvénients et des dangers de cette situation anormale, et tout le monde reconnaissait qu'il fallait, à tout prix, y porter remède.

La constitution d'une majorité assez forte pour qu'un Ministère homogène pût s'appuyer sur elle, avec quelque espérance sérieuse d'avenir, de façon à pouvoir donner à la politique générale une direction ferme vers un but déterminé, était la question dominante que le suffrage universel avait à trancher aux élections de 1893. Avec une majorité suffisante, fortement unie par la similitude des idées, bien disciplinée pour faire face à tous ses adversaires, tout devenait facile. Le Gouvernement, n'ayant plus à craindre les manœuvres de ses adversaires coalisés, pouvant compter avec certitude sur le concours de ses amis dans toutes les circonstances graves, se trouvait, dès lors, en mesure d'élaborer des projets et d'accomplir des réformes d'une véritable importance, et l'œuvre de progrès pratique ne risquait plus d'être entravée par la brusque éventualité d'une crise ministérielle. L'autorité gouvernementale devait en être singulièrement fortifiée, dans l'intérêt du bien public, et, d'accord avec la majorité parlementaire, le Pouvoir pouvait prendre sans hésiter toutes les mesures de protection et de préservation que rendraient nécessaires les événements.

Ce n'était pas, en effet, seulement de l'instabilité du Pouvoir et de l'incohérence des discussions des Chambres qu'on devait se préoccuper. Le socialisme révolutionnaire devenait chaque jour plus dangereux. Sa propagande subversive gagnait sans cesse du terrain parmi les populations ouvrières et s'efforçait même, dès lors, d'attirer les populations rurales. Déjà alliés à la Chambre et dans la lutte électorale avec le jacobinisme radical, les socialistes exerçaient dans les délibérations parlementaires une action qui offrait de très sérieux dangers. Plus que jamais, tout commandait de s'unir pour les combattre et d'organiser fortement la défense sociale.

Il importait donc, au plus haut degré, au moment où le pays procédait aux élections générales de 1893, de lui demander l'envoi au Palais-Bourbon non seulement d'une majorité fortement unie et disciplinée, mais encore d'une majorité énergiquement résolue à la lutte contre les ennemis de la Société, de la Liberté, de la Propriété, également menacées par le radicalisme jacobin et le socialisme révolutionnaire.

La conviction de cette double nécessité m'inspira alors l'*Appel à la Bourgeoisie libérale* (1) que j'ai publié à cette époque. Il me sembla que la mission et le devoir de cette élite sociale, que sa situation, son instruction et ses intérêts les plus directs placent à la tête du mouvement politique, étaient naturellement d'éclairer l'opinion sur les exigences du moment et de formuler nettement devant le suffrage universel le programme de ce qu'il fallait faire pour redresser les erreurs du passé, constater les besoins du présent, et assurer l'avenir.

Je n'ose prétendre que les conseils que j'ai donnés en cette circonstance, absolument désinteressés, aient eu un effet dans les résultats de cette grande consulta-

---

(1) *Appel à la Bourgeoisie libérale*, Guillaumin, 1893.

tion nationale. Cependant je constate, avec une vive satisfaction, que la Chambre de 1893 s'est montrée, dès ses premières manifestations, animée d'un esprit très différent de celle à laquelle elle succédait. Elle a condamné hautement, en principe, le système de concentration et proclamé la nécessité de l'homogénéité gouvernementale. Elle a attesté, pour le Gouvernement comme pour la majorité, l'obligation d'avoir, sur les questions essentielles, une politique très nettement définie et suivie avec constance, au succès de laquelle un sage sentiment de discipline devait imposer le sacrifice de quelques divergences partielles. Elle a surtout fortement accentué sa volonté de tenir tête au socialisme révolutionnaire et de défendre l'ordre social chaque fois qu'il courrait un risque. Elle a voulu établir enfin sur des bases solides la stabilité du Gouvernement et mettre un terme aux crises artificielles que l'esprit de parti se plaisait à provoquer.

Ces tendances ne se sont pourtant produites que progressivement, et il a fallu du temps et des épreuves pour qu'elles prissent un caractère décisif. Mais les esprits clairvoyants et impartiaux ont pu les apercevoir dès l'origine et en tirer les conséquences. Ce qui est certain, c'est qu'au milieu des hésitations provoquées par les mauvaises habitudes du passé et par les difficultés ambiantes, la politique du parti libéral, évidemment conforme aux vœux et aux besoins du pays, a constamment prévalu dans les Conseils de l'État et dans les votes du Parlement. Pendant les quatre années de la législature actuelle, ses représentants ont presque toujours été en possession du pouvoir. Il y a eu, dans cet intervalle, plusieurs Ministères successifs, mais leur nuance n'a pas cessé d'être libérale et modérée. Une seule fois, le parti radical, en 1895, est parvenu à prendre la direction des affaires publiques ; mais il ne l'a conservée que très peu de temps, on verra plus loin dans quelles conditions ; et, depuis deux ans, le Cabinet libéral, dont M. Méline est le chef, est resté en fonctions, sans que les assauts multipliés, livrés contre lui par les radicaux et les socialistes, aient pu ni le renverser ni l'affaiblir.

La Chambre a donc prouvé qu'elle était capable de se plier à une discipline d'intérêt public et de constituer une majorité difficile à entamer et à disloquer. Elle a prouvé, en outre, qu'elle tenait à donner au Gouvernement une stabilité inconnue auparavant, et, en même temps, une homogénéité nécessaire pour assurer à sa politique l'unité et à ses projets d'utiles solutions. Il y a eu là un sensible progrès dans la marche de nos mœurs politiques. Si on a la sagesse d'y persévérer, nous aurons fait un pas considérable dans la vraie pratique du régime parlementaire.

Mais, pour que l'effort fait jusqu'ici produise tout le bien qu'on peut en attendre, il faut que les élections qui se préparent complètent les premiers résultats acquis par celles de 1893. Il faut que le suffrage universel indique, avec plus de précision encore, ses sympathies pour la politique d'ordre, de liberté, de progrès pratique, de stabilité, de paix intérieure et extérieure, et de travail fécond, dont il avait visiblement voulu pénétrer la Chambre qui termine aujourd'hui son existence constitutionnelle.

La législature qui finit n'a pu que révéler ces aspirations générales. Ce n'est que très imparfaitement qu'elle s'est avancée dans la voie qui s'ouvrait devant elle. Les plis pris ne se défont pas tout à coup. Les oppositions de gauche ont multiplié les efforts, les manœuvres, les entraves et les pièges pour faire échouer l'œuvre de transformation entreprise par le parti libéral. Celui-ci, en définitive, sort vainqueur de cette lutte acharnée. Le Ministère qui le représente a pu triompher de la guerre de chaque jour que ses ennemis lui ont faite, et il va présider aux nouvelles élections. Le pays est appelé à nouveau à manifester ses sentiments et ses volontés ; tout fait espérer que cette nouvelle manifestation sera la sanction et le complément de celle qu'il a faite il y a quatre ans et qui, en réalité, a si remarquablement modifié l'état des esprits et des partis.

La bourgeoisie libérale, à laquelle en 93, j'ai fait un si pressant appel, et qui a répondu, en très grande partie, à ce que ses meilleurs amis attendaient d'elle, a commencé l'œuvre ; il importe qu'elle la poursuive et l'achève, qu'elle ne s'arrête pas sur ses premiers succès, mais que ce soit pour elle un précieux encouragement et un stimulant énergique en vue d'aller plus loin et d'atteindre le but. Plus que jamais elle doit mettre toutes ses forces au service de la cause qu'elle défend. C'est elle qui est la tête de la démocratie moderne ; c'est à elle, légitime et fidèle héritière de la Révolution de 89, à en défendre énergiquement les conquêtes contre tous les ennemis qui les mettent en péril. Il ne lui est pas permis de déserter son poste de combat aussi longtemps que la victoire n'est pas définitivement acquise. Dans l'opuscule déjà cité, je lui reprochais une apathie dans l'action et une coupable indifférence pour soutenir vaillamment la lutte dans les moments les plus nécessaires. Je reconnais qu'en 93, elle a montré une patriotique volonté de remplir ses devoirs civiques. Elle s'est bien moins abstenue qu'autrefois et sa virile initiative a déterminé des succès décisifs. Mais il est essentiel qu'elle comprenne bien aujourd'hui qu'il lui faut de nouveau un vigoureux effort si elle veut que ses premiers résultats ne soient ni compromis ni perdus. Il ne suffit pas de conserver le terrain conquis ; il faut le raffermir et l'élargir encore.

J'adjure encore une fois tous les vrais libéraux de rester fortement armés pour la bataille décisive qui va se livrer et de ne négliger, dans le mouvement électoral, aucun de leurs devoirs de citoyens. Partout doit se faire l'organisation du parti libéral ; partout doit s'établir la plus rigoureuse discipline ; partout il faut se mettre en mesure de tenir tête à ses adversaires conjurés ; partout le libéralisme a pour mission, jusqu'à la dernière heure, de propager ses idées et de faire pénétrer dans l'esprit des populations les vérités du programme qui est son drapeau.

Mais, à côté de cette élite intellectuelle et sociale, il y a des masses considérables que le socialisme révolutionnaire dispute aujourd'hui à son influence et qui sont appelées à jouer un grand rôle dans le scrutin qui se prépare. C'est cette vaste population rurale, dont les intérêts, étroitement liés à la terre, sont, suivant le mot de Sully, « une des plus fécondes mamelles de la France, » et qui, depuis un certain temps, a pris, dans le développement de la politique générale, une indiscutable importance. Elle a aujourd'hui conscience de sa valeur et de sa force, et l'on peut dire que la démocratie rurale est, plus qu'auparavant, un des principaux facteurs de la situation, dont il importe de tenir compte et sur lequel la politique libérale a le plus grand intérêt à s'appuyer.

La propagande révolutionnaire des socialistes redouble d'efforts pour s'emparer de l'âme du peuple des campagnes et pour conquérir les suffrages des ruraux. Cette œuvre de désorganisation des ouvriers de la terre doit être combattue par le parti libéral avec plus d'ardeur et d'énergie qu'il n'a combattu l'œuvre de désorganisation des ouvriers de l'usine. La lutte, à cet égard, a l'avantage d'être beaucoup plus facile. L'agriculteur français est un esprit plein de sens pratique, qu'il est malaisé d'entraîner dans des théories utopiques et qui ne se laisse pas séduire par des chimères. Il a généralement résisté jusqu'ici aux tentatives des agents du parti de la destruction sociale et il est instinctivement convaincu que ce ne peut pas être par des bouleversements révolutionnaires qu'on satisfera ses intérêts ni qu'on améliorera son sort. Il a besoin de la paix intérieure pour travailler et produire, et il ne désire rien tant que la main ferme d'un Gouvernement protecteur pour donner à ses travaux la sécurité du lendemain. Il sait d'ailleurs que le souci de lui être utile est la grande préoccupation de la politique gouvernementale, que la volonté de faire son bien et de satisfaire ses vœux a été l'un des points essentiels du programme libéral, lors des élections de 1893, et il a vu, par des actes positifs, que la législature qui se termine n'a pas été stérile pour ses intérêts.

Dans l'appel adressé, en 1893, à la bourgeoisie libérale, je lui signalais, comme une des plus importantes questions de son programme politique, la nécessité d'utiliser le concours des populations rurales pour le succès de la grande cause qu'elle défend. Je lui disais qu'il y a, dans l'ensemble des populations ouvrières dont on doit s'efforcer d'améliorer les conditions, non pas seulement des travailleurs industriels qui n'y sont qu'une minorité, mais des masses bien plus nombreuses et bien autrement intéressantes, celles des travailleurs agricoles. Or, celles-ci ne sont solidaires ni des revendications excessives, ni des desseins subversifs des premières. Leurs intérêts et leurs sentiments sont infiniment favorables à une politique libérale et conservatrice. Elles sont dignes de la constante attention et des plus vives sympathies des Pouvoirs publics. Et, dans cette conviction, je demandais aux candidats libéraux d'inscrire au premier rang de leur programme tout ce qui était de nature à répondre aux vœux et aux besoins des populations rurales.

J'ai eu cette satisfaction que, depuis l'avènement aux affaires du Ministère actuel, cette importante question a été l'objet d'études très sérieuses et a reçu diverses solutions, sur lesquelles je m'appesantirai plus loin d'une façon plus approfondie : les Syndicats agricoles, le dégrèvement de l'impôt foncier, la suppression des octrois, la constitution des Banques régionales, l'organisation du Crédit agricole, etc. C'est même la seule qui, pendant les dernières sessions, ait le plus vivement sollicité les délibérations des Chambres et ait donné lieu aux discussions les plus sérieuses. Le Gouvernement a inauguré et le Parlement a adopté une grande politique agricole dont on est en droit d'attendre les meilleurs effets. Tout atteste, d'autre part, que, devant les faits accomplis, la démocratie rurale est sincèrement reconnaissante de ce qui a été fait et de ce qui s'élabore en sa faveur. Le moment semble donc propice pour faire appel à son concours et à son dévouement, dans le but de donner à la Chambre qui va être élue et à la majorité gouvernementale qui y prévaudra, toute la force nécessaire pour continuer et achever, s'il est possible. l'œuvre entreprise par la Chambre actuelle, dans l'intérêt de l'Agriculture nationale.

Il m'a semblé qu'après m'être adressé, lors des élections précédentes, au dévouement et à la sagesse de la bourgeoisie libérale, les circonstances m'autorisaient à m'adresser également à la Démocratie rurale, afin de démontrer aux millions d'électeurs dont elle se compose, que, seule, la politique libérale, en assurant au pays tout entier un régime d'ordre, de liberté, de progrès et d'apaisement général, peut donner satisfaction à leurs intérêts les plus chers.

II

LA POLITIQUE AGRICOLE

·§ 1er. LES SYNDICATS AU POINT DE VUE POLITIQUE

Il n'existe pas, à proprement parler, dans la classifi-
cation des partis ni dans les groupements parlementaires,
de parti agricole, mais il existe dans la France entière
et il a pris, sans conteste, depuis peu d'années, une importance considérable. On doit ajouter qu'il s'est remarquablement organisé pour la défense de ses intérêts
spéciaux. Ces intérêts sont d'ailleurs étroitement liés les
uns aux autres par une communauté et une solidarité
générale qui unissent de fait les populations rurales
bien plus puissamment que ne le peuvent les partis
purement politiques. Ceux-ci ne s'entendent et ne se
combinent que sur un ensemble de vues et de principes
théoriques ; mais les masses agricoles, partout où elles
vivent et fonctionnent, ont des conditions d'existence,
des besoins et des aspirations à peu près identiques, et
qui, par la nature et la force des choses, les groupent
naturellement en un faisceau de façon à en faire une
force considérable dans le mouvement social et poli-

tique. Elles constituent d'ailleurs une très notable majorité relative dans l'ensemble des citoyens qui exercent leurs droits civiques. C'est à plus de huit millions que s'élève le nombre de ceux qui sont attachés à l'industrie de la terre. Les ouvriers des villes, que l'on regarde avec raison comme un facteur très important dans la politique active, sont loin de représenter une pareille masse d'individus et d'intérêts. C'est dire à quel point le peuple des campagnes a droit à l'attention et à la sollicitude des Pouvoirs publics.

Je viens de dire qu'il est désormais très sérieusement organisé pour la défense des intérêts qui le solidarisent. Cette organisation est de date récente. Elle a été le résultat de la constitution des Syndicats agricoles, créés par la loi générale de 1884 sur les Syndicats professionnels. On ne prévoyait pas, au début, l'extension et l'importance que devaient prendre bientôt ces Syndicats; mais le principe en était si utile qu'ils n'ont pas tardé à se multiplier, et la similitude de leurs besoins et de leur but a rapidement établi entre eux des affinités et des relations intimes qui en ont fait une véritable association sur tous les points du territoire. En très peu d'années, il s'en est formé plus de 1.400 qui sont déjà reliés entre eux par une sorte de fédération et qui agissent dans un grand esprit d'intérêts communs. Ils ont des organes puissants qui traduisent leurs vœux, notamment la *Démocratie rurale*, dirigée avec un grand talent par M. Kergall, et qui exerce une véritable influence dans le monde rural. Toutes les Sociétés d'agriculture sont généralement leurs interprètes auprès du Gouvernement et des Chambres. Ils ont des congrès, des meetings qui formulent hautement leurs réclamations, et l'heure n'est, sans doute, pas éloignée, où ils obtiendront, à l'exemple du commerce et de l'industrie, une représentation spéciale, et où des Chambres d'agriculture, officiellement constituées, seront les mandataires réguliers et légaux de la population agricole de tout le pays.

Les Syndicats ont été certainement les fortes assises sur lesquelles s'est appuyé ce vaste et rapide développement. Ils ont rendu possibles des progrès et des améliorations de toutes sortes et donné au mouvement rural une cohésion, une puissance et une force d'impulsion qui lui ont permis de jouer un rôle très influent dans la politique générale. On a pu même voir, dans les dernières élections, les effets de l'organisation de ce qu'on peut appeler aujourd'hui, à bon droit, le parti agricole. Le peuple des campagnes y a eu aussi son programme et ses revendications. Ses manifestations ont été assez caractérisées pour que les Pouvoirs publics y aient vu la preuve que l'heure était venue de s'occuper plus sérieusement des intérêts de la terre et d'y donner toutes les satisfactions qui seraient reconnues praticables. Aussi, de même qu'il était impossible de méconnaître plus longtemps l'existence d'un grand parti agricole, il a fallu avoir désormais une vraie politique agricole destinée à répondre aux réclamations légitimes de ce parti.

C'est l'honneur du parti libéral d'avoir eu le premier, et à peu près le seul, conscience de cette situation et des devoirs qu'elle imposait à ceux qui avaient la direction et la responsabilité de la chose publique. Il n'a pas hésité à prendre l'initiative des mesures qui étaient de nature à satisfaire les agriculteurs, à leur donner de nouveaux moyens d'action, à étendre et à assurer la prospérité rurale. C'est à lui qu'est due la création même des Syndicats agricoles, élaborée au Sénat, et qui n'avait pas été prévue par les dispositions générales de la loi de 1884 sur les Syndicats professionnels. Depuis lors, il n'a cessé de réaliser les réformes qui pouvaient améliorer le sort des propriétaires et des travailleurs agricoles. J'énumérerai plus loin les mesures importantes déjà accomplies et celles qu'il faut prendre pour les compléter. Mais il me suffit ici de constater que l'initiative du parti libéral a eu certainement des résultats très appréciables. Les ruraux seraient ingrats s'ils ne reconnaissaient pas tout ce qui a été fait, depuis un certain temps, en leur faveur.

Et l'attitude des libéraux est d'autant plus significative, qu'ils ont été les seuls à faire nettement passer de la parole à l'action leurs sympathies pour les habitants des campagnes. Eux seuls ont inauguré un large et fécond système de politique agricole. Ce n'est même que depuis l'avènement au pouvoir du Cabinet libéral actuel, dont le chef, M. Méline, a, pour l'agriculture nationale, un si grand dévouement joint à une connaissance si approfondie de ses besoins, que cette politique a pris une large place dans le programme du Gouvernement et s'est manifestée par des actes décisifs.

Or, pendant ce temps, que faisaient les autres partis dans l'intérêt de l'agriculture? Que faisaient les radicaux qui, en 1895, avaient occupé, pendant quelques mois, le pouvoir? Que faisaient surtout les socialistes, qui tentaient de conquérir les populations rurales et de les convertir à leurs doctrines? Eux seuls, de leur côté, avaient également compris l'importance que les travailleurs de la terre avaient prise dans l'ordre politique, et, après avoir formé l'armée des travailleurs de l'usine pour attaquer et détruire la société actuelle, ils voulaient se faire des auxiliaires précieux dans les rangs de la démocratie rurale. Je vais dire bientôt comment ils s'y sont pris dans ce but, par quels sophismes ils ont espéré séduire et égarer l'esprit éminemment pratique du peuple des campagnes. Mais je constate, dès à présent, que tous leurs efforts ont échoué devant le robuste bon sens de ceux à qui s'adressaient leurs prédications, tandis que les services visibles rendus par les républicains libéraux ont éveillé partout de vifs sentiments de gratitude.

§ 2. LES RADICAUX ET LES INTÉRÊTS RURAUX

Je cherche vainement par quels actes, par quelles propositions, par quelles conceptions gouvernementales, le parti radical, soit lorsqu'il a été au pouvoir, soit lorsqu'il est resté dans l'opposition, a manifesté ses sympathies pour les intérêts spéciaux de l'Agriculture. Je n'en trouve aucune espèce de trace. Les radicaux n'ont jamais eu de politique agricole proprement dite ni de programme rural. L'Agriculture n'a été pour eux qu'un des grands services publics, qui ne méritait pas une attention plus particulière que les autres. Quand ils ont été appelés à former un Cabinet, ils y ont naturellement nommé un Ministre de l'Agriculture pour y traiter les affaires ordinaires de ce Département. Ce haut fonctionnaire a présidé, suivant l'usage, à certaines solennités concernant l'industrie de la terre, comices, expositions, etc., et c'est tout. Il n'est sorti, ni des méditations de leur Gouvernement, ni des délibérations de leur groupe, aucun plan, aucun système pour le développement et l'amélioration de cette industrie. Dire qu'ils fussent tout à fait indifférents à son égard serait excessif et peut-être injuste. Mais, s'ils ne lui ont pas été hostiles, ils n'ont fait aucun effort pour lui être utiles. Ni leur esprit, ni leurs combinaisons n'étaient tournés de ce côté. La politique pure et les luttes qu'elle provoque captivaient toutes leurs préoccupations. C'était un parti plus militant qu'organisateur. Héritier des Jacobins de la première Révolution, il tendait surtout à la refonte des institutions, en substituant le régime d'une Chambre unique, c'est-à-dire d'une Convention, au régime parlementaire pondéré ; il poursuivait, dans l'ordre économique, une vive campagne contre la richesse acquise, sous prétexte d'une répartition plus équitable des impôts ; et il déclarait ouvertement la guerre à l'Église et au cléricalisme, sous l'influence des doctrines de la Franc-Maçonnerie, dont ses chefs sont incontestablement les représentants les plus autorisés.

Dans ces luttes incessantes de parti, il n'y avait, sans doute, pas de place pour les intérêts relativement secondaires de l'Agriculture. Le radicalisme ne s'en est donc pas directement occupé. A l'heure même où nous sommes arrivés, c'est-à-dire à la veille des élections générales, il ne s'en occupe pas davantage. Son programme électoral, tel que l'ont formulé ceux qui sont la tête du parti et qui font partout la plus active propagande, ne contient d'autres principes que l'impôt sur le revenu et la revision de la Constitution ; à quoi ils ajoutent de véhémentes diatribes contre le Ministère actuel, qu'ils accusent de pactiser avec la réaction et le cléricalisme. Mais, dans tout cela, pas un mot en faveur ni des populations, ni des industries rurales. Je le répète, il semble qu'à leurs yeux, ni les unes, ni les autres n'offrent aucun intérêt d'actualité et ils les omettent, comme s'il n'existait pas de question agricole, ou, du moins, comme si elle était tout à fait négligeable.

Je signale particulièrement ce fait étrange aux électeurs ruraux. Il est manifeste qu'ils n'ont pas des amis, ni des défenseurs dévoués dans les rangs du parti radical. Il y a là d'autres visées que celles d'étudier consciencieusement par quels moyens on peut atténuer les souffrances très réelles du peuple des campagnes. Quand on aura atteint et frappé le revenu de ceux qui possèdent, supprimé le Sénat ou réduit la Chambre haute à un rôle subalterne, et, principalement, « écrasé l'infâme », comme on disait au temps des encyclopédistes, c'est-à-dire vaincu l'Église et le Clergé, il sera temps de songer à ce qu'on pourra faire en faveur des travailleurs de la terre.

Heureusement, il en est d'autres qui s'occupent sans relâche du sort et des intérêts de cette immense population de plus de 8 millions d'âmes, qui vit étroitement liée à la propriété territoriale et qui réclame tout un ensemble de mesures protectrices et salutaires. Mais il faut qu'au moment où les divers partis comparaissent devant le suffrage universel, les électeurs ruraux se rappellent qui sont ceux qui les soutiennent et ceux qui les ont abandonnés.

Du reste, non seulement le programme électoral des

radicaux laisse de côté toutes les questions qui inté-ressent spécialement l'agriculture, mais on peut dire qu'il est, sur ce point, plutôt préjudiciable qu'avan-tageux.

L'impôt sur le revenu, condamné par presque tous les Conseils généraux, n'a obtenu aucune faveur dans les campagnes. On y a vu un retour redoutable au système des taxes qui, sous l'ancien régime, avait rendu si odieux le fisc royal. La famille rurale, dans ce système, n'échapperait pas plus que la famille bourgeoise aux investigations vexatoires qui ont pour but de découvrir le revenu et la richesse du contri-buable. Or, le plus humble paysan est extrêmement jaloux de l'inviolabilité de son domicile et du secret de ses affaires intérieures. Cette conception financière n'est certainement pas de nature à concilier aux radicaux les suffrages des populations rurales.

Quant à la revision constitutionnelle, qui donc s'y intéresse dans les campagnes? Là, personne ne la réclame. On y sait parfaitement que les institutions ne valent que par ce que valent ceux qui les appliquent. L'homme de la terre s'inquiète beaucoup de ce que fait le Gouvernement dans l'intérêt du pays et fort peu de la façon dont sont organisés les pouvoirs qui concourent à cette œuvre pratique. Il est profondément attaché à la République, et, si elle était en péril, nul doute qu'il ne se levât pour la défendre ; mais il reste assez sceptique quand on veut lui persuader qu'elle est menacée par les curés. Il sait pertinemment, par ce qui se passe chaque jour dans son village, d'un côté que le clergé a partout perdu de son influence apparente et de son antique pouvoir ; de l'autre, qu'il n'y a personne dans le Gouvernement qui veuille sacrifier les droits de l'État laïque et ceux de la société civile aux prétentions de l'Église. Dans cette conviction, il demande aux divers partis de s'absorber beaucoup moins dans la préoccupation de dangers imaginaires et de songer beaucoup plus aux immenses intérêts de la propriété agricole et de la production nationale.

§ 3. LE SOCIALISME ET LA PROPRIÉTÉ RURALE

Mieux avisé que le radicalisme, plus au courant sans doute de l'état d'esprit des populations rurales et ayant bien plus besoin de leur concours, le socialisme militant s'est gardé de se désintéresser dans la question agricole. Il savait que les campagnes étaient généralement réfractaires à ses doctrines, et il a tout mis en œuvre pour les conquérir. On connaît les termes essentiels de son programme d'action. Si la révolution violente qui détruira de fond en comble la société tout entière est son but suprême, en attendant qu'elle puisse s'accomplir, il met en première ligne la conquête des Pouvoirs publics par le suffrage universel et principalement celle de toutes les municipalités où il pourra introduire une majorité révolutionnaire. Il rêve non seulement de dominer dans la plupart des communes de France, mais encore de les unir par des liens fédératifs qui leur permettent de faire la loi au Gouvernement central.

Il y est parvenu dans un certain nombre de villes et de centres industriels, grâce à l'influence qu'il exerce sur les ouvriers ; mais jusqu'ici les travailleurs de la terre ont échappé à son action, et sa propagande infatigable ne fait aucun progrès dans les petites communes. Aux deux dernières élections municipales il a fait un grand effort pour faire réussir des candidatures socialistes auprès des électeurs ruraux. Il a généralement échoué. Cet échec lui a démontré la nécessité d'agir avec la plus grande vigueur pour rattacher à lui les ouvriers des champs. C'est dans ce but qu'il a résolument entrepris parmi eux une campagne qu'il poursuit très passionnément depuis deux ou trois ans.

Ses chefs ont cru alors devoir formuler leur politique agraire et en exposer les principes. On se rappelle comment ils ont procédé. Ils ont ouvert, dans tout le territoire, une vaste enquête sur l'état de l'agriculture, des intérêts et du personnel qui s'y rattachent. Ils ont envoyé, à profusion, dans tous les villages, un questionnaire détaillé, destiné à leur faire connaître les vœux et les besoins des petits cultivateurs et des ouvriers du sol. Enfin, l'année dernière, leur orateur le plus éminent, M. Jaurès, a provoqué, sous forme d'interpellation, un grand débat sur la crise agricole et sur les mesures à prendre pour y porter remède. Ce débat mémorable où M. Deschanel et M. Méline, président du Conseil, ont brillamment répondu aux sophismes du leader socialiste, a occupé un grand nombre de séances de la Chambre. Il s'est terminé par la complète défaite du socialisme révolutionnaire sous un ordre du jour qui en condamne solennellement tous les principes ; mais il atteste l'importance que le parti de la destruction sociale attache à sa politique agraire. Il n'imite pas, à cet égard, l'indifférence des radicaux. Il a une doctrine et une politique agricole et il ne ménage rien pour la faire prévaloir.

Je ne crois pas qu'il ait aucune chance d'y parvenir. Le paysan français a un fond inné de clairvoyance et de sagesse qui reste dans les réalités de la vie ; il ne se laisse pas entraîner par de subtils raisonnements dans les sphères imaginaires de la théorie et de l'idéal. Il va droit au fond des choses, et quand elles ne lui apparaissent que comme une chimère, il n'a garde d'y perdre son temps. Les chefs socialistes n'ont jamais publié les réponses qu'ils disent avoir reçues au questionnaire agricole qu'ils avaient répandu en si grand nombre. C'est avouer à la fois que bien peu se sont sans doute dérangés pour leur répondre et que ce qu'on leur a dit a déçu leurs espérances. M. Jaurès, dans son interpellation retentissante, n'a pas parlé de cette consultation à huis clos. Il faut en conclure qu'elle a été loin d'être satisfaisante.

Et comment pouvait-il en être autrement ? Qu'est-ce que le socialisme prêche aux agriculteurs ? Qu'est-ce qu'il leur propose pour améliorer leur situation, vaincre les difficultés de leur existence et arriver au moins à une prospérité relative ?

Un effroyable bouleversement social, où la première ruine sera la destruction de la propriété individuelle et l'anéantissement de la liberté humaine. Sur ce gigantesque écroulement, il édifie une cité nouvelle où tout appartiendra à tous et où rien n'appartiendra plus à personne. Un collectivisme universel, un communisme sans limite sera établi où l'État nouveau sera le souverain arbitre, fixant, sans réserve, le travail, le devoir et la rémunération de chacun, et dirigeant à son gré ce

Couvent colossal, dont tous les membres seront comme de pures machines sous son autorité absolue, *perinde ac cadaver*.

Car c'est là le socialisme tout entier. En supprimant la propriété privée, il supprime en même temps toutes les initiatives, tous les droits, toutes les volontés, toutes les libertés. C'est l'asservissement de tous sous la loi de fer de la communauté.

Or, le paysan, que l'on cherche à séduire et à tromper, sait parfaitement à quoi s'en tenir sur ce point capital. Ceux-là sont bien naïfs qui s'imaginent que l'agriculteur, dont on connaît l'amour passionné, on peut même dire le culte religieux, pour son lopin de terre, qu'il a acquis par un travail opiniâtre, qu'il arrose journellement de ses sueurs, qui le fait vivre lui et sa famille, consentira jamais à l'abandonner pour l'engloutir dans le gouffre collectiviste. Aussi est-ce par des supercheries et des mensonges qu'on tente de surprendre sa confiance.

Écoutez les prédicateurs du socialisme. Eux vouloir toucher à la petite propriété ! Qui ose les calomnier ainsi ? Loin de songer à y porter atteinte, ils en sont les plus fermes défenseurs. Leur but essentiel n'est que de l'affranchir de la sujétion sous laquelle l'opprime la grande propriété, cette féodalité territoriale de nos jours qui s'est substituée à celle de l'ancien régime et qui tient le petit propriétaire rural sous un servage aussi tyrannique qu'à l'époque des anciens seigneurs. Ce qu'ils veulent, c'est délivrer la terre, comme l'usine, du joug du capital oppresseur ; mais ils ne détruiront pas la propriété individuelle, et ils lui donneront au contraire plus de solidité et plus de garantie en l'associant aux forces immenses de la communauté.

Ce raisonnement captieux n'est qu'un leurre et une audacieuse fausseté. La discussion qui a eu lieu à la Chambre, dans le courant de l'année dernière, sur l'interpellation de M. Jaurès, dont j'ai parlé précédemment, a irréfutablement démontré aux populations rurales que ce n'est qu'une tactique indigne pour égarer leur opinion et leur faire croire tout le contraire de la vérité.

Elles y auront vu, à n'en pas douter, que, dans le système collectiviste —que le programme de Saint-Mandé a déclaré la seule expression exacte du socialisme tout entier, —.la petite propriété est aussi formellement condamnée que la grande. Elles y auront vu que tous les Congrès socialistes en France et à l'étranger ont protesté contre l'erreur dans laquelle on se plaisait à entraîner les paysans de notre pays. On y a déclaré nettement qu'il est déloyal de laisser croire aux petits propriétaires ruraux qu'ils ne seront pas dépossédés, et qu'il faut au contraire leur dire que la petite propriété subira, à son tour, le sort de la grande. M. Méline, dans le discours plus haut cité, a forcé d'ailleurs ses adversaires à en faire l'aveu décisif.

Il n'y a donc pas de doute possible. Si le socialisme venait à triompher, le droit de propriété, qu'elle qu'en fût l'étendue, serait supprimé sans exception. Voilà comment le parti révolutionnaire résout brutalement la question agraire. Comment peut-il espérer que ses doctrines et sa propagande fassent des progrès dans les campagnes ? Il se fait la plus étrange illusion s'il s'imagine pouvoir vaincre jamais l'invincible affection qui lie le cultivateur au morceau de terre qu'il possède.

Une autre erreur beaucoup plus grave des meneurs de la propagande agraire a été de croire qu'ils pourraient aisément susciter, dans le monde agricole, les antagonismes et les haines de classes dont ils avaient fait leur plus redoutable machine de guerre dans le monde industriel. On les a vus, par un anachronisme inouï, tenter de déchaîner en notre siècle une nouvelle jacquerie, où une lutte acharnée mettrait aux prises les chaumières et les châteaux et détruirait ce qu'ils appellent faussement la féodalité territoriale, la suprématie de la grande propriété sur la petite. C'était bien là leur but réel. Ils ont bien plus de souci de spolier les possesseurs des grands domaines, les capitalistes du sol dont ils sont les implacables ennemis, comme ils le sont des capitalistes de la finance, du commerce et de l'industrie, que d'assurer le bien-être des paysans. Ceux-ci, comme les Jacques du Moyen Age, devaient être surtout en leurs mains les éléments d'une armée destructive qu'ils jetteraient contre les grands propriétaires, en surexcitant leurs plus mauvaises passions et en leur persuadant qu'ils ne sont, à l'instar des serfs d'autrefois, que de malheureux esclaves pour les modernes seigneurs de notre temps.

Il a fallu une audace peu commune et une ignorance absolue des conditions dans lesquelles vivent les populations rurales, à tous les degrés de l'échelle sociale, pour leur apporter des allégations aussi contraires à la réalité et à l'évidence des faits. Il a été facile au socialisme de tirer parti des revendications des ouvriers industriels contre les patrons, d'exploiter les griefs plus ou moins fondés des uns contre les autres, et d'exagérer en les envenimant les réclamations de ceux qui travaillent, vis-à-vis ceux qui les font travailler. Là, la phraséologie révolutionnaire a pu tonner contre la tyrannie du capital, anathématiser la prétendue féodalité financière et créer entre les salariés et les chefs d'industrie des conflits qui ont pris de jour en jour plus de gravité, menaçant à tout moment la paix intérieure et provoquant des crises profondément redoutables pour le travail national.

Mais il n'y a absolument rien dans les campagnes qui ressemble à cette situation. Le paysan n'est pas, comme l'ouvrier, soumis à la volonté d'un maître. La féodalité territoriale dont on parle, n'est qu'une chimère. Ce qu'on appelle le château n'est qu'une propriété plus étendue que celle de la chaumière; mais il n'a, à l'égard de celle-ci, aucun droit, aucune autorité, aucun privilège, aucune supériorité. Celui qu'on appelle le seigneur moderne ne possède aucune suprématie. Il est soumis, comme le plus humble des propriétaires ruraux, à la loi commune qui ne distingue nullement entre les grands et les petits domaines. Ses intérêts sont sans doute plus considérables au point de vue matériel; mais ils sont absolument identiques à ceux du plus petit agriculteur. Il ne fait nulle part et jamais la loi à celui qui est moins fortuné que lui et celui-ci n'a rien à lui demander, ni rien à en obtenir. Que parle-t-on, dès lors, de féodalité et de servage? Où trouve-t-on, dans ces rapports réciproquement indépendants et pacifiques, les éléments d'hostilité et de mésintelligence que le socialisme militant cherche à faire naître dans le monde rural?

Les paysans, qu'il veut transformer en Jacques révoltés, entretiennent, au contraire, partout, avec les grands propriétaires, les relations les plus sympathiques et, les uns et les autres s'accordent merveilleusement pour travailler à leurs intérêts communs. C'est la pratique loyale des Syndicats agricoles qui a le plus étroitement contribué à leur union et à leur mutuelle confiance. Les grands propriétaires s'y sont associés de tout leur cœur et de tous leurs moyens, et les services qu'ils ont pu y rendre, ont eu, pour l'Agriculture tout entière, les plus admirables résultats. Or, dans ces associations où se confondent tous les rangs sociaux, les plus riches n'exercent aucune espèce de pouvoir particulier. Ils y sont même en très faible minorité, à peine 5 0/0 en moyenne dans l'ensemble des Syndicats, et ils ne se signalent que par leur zèle pour le bien-être et l'avantage de tous.

Il n'est pas vrai, d'ailleurs, que la grande propriété soit, comme le prétendent les prédicateurs socialistes, en train de dévorer et d'annuler la petite. Qu'on lise les résultats statistiques, si authentiques et si concluants, constatés par M. Méline et par M. Deschanel, dans la discussion de l'interpellation Jaurès ; c'est au contraire la grande propriété qui s'amoindrit, tandis que la petite ne cesse de se développer. Il ne pouvait en être autrement sous un régime où, depuis cent ans, l'égalité successorale entraîne forcément le morcellement indéfini de la propriété territoriale.

On voit, par ces deux faits fondamentaux, sur quelles erreurs repose la propagande socialiste dans les campagnes et combien est fausse dans son principe, mensongère dans ses allégations, spoliatrice dans son but, la politique agraire de ce parti de destruction sociale qui n'entend et ne peut agir que par des moyens de bouleversement universel. Il est inutile d'insister sur les autres sophismes par lesquels il espère faire entrer les populations rurales dans son armée révolutionnaire. Ce que nous venons de dire suffit pour le juger et pour le condamner (1).

(1) En dehors de ces deux principes, le collectivisme adapté à l'agriculture et la lutte entre la grande et la petite propriété, le socialisme a inscrit dans son programme un certain nombre de réformes, copies de celles réclamées par le parti libéral, et sur lesquelles il n'y a pas lieu d'insister : la prud'hommie agricole, la création de Caisses de retraites, les Chambres d'ouvriers agricoles, le dégrèvement de l'impôt foncier, les Syndicats des petits cultivateurs, la suppression des intermédiaires, etc. Dans le chapitre suivant, nous verrons que toutes ces questions ont été résolues par le parti libéral, ou sont à l'étude. Un point sur lequel les deux partis diffèrent réside dans l'égalité du service militaire. Le socialisme demande un an seulement pour les paysans comme pour les diplômés. Cette motion n'a du reste aucune chance de succès auprès des Chambres, en présence des nécessités de maintenir notre armée dans une voie sérieuse et puissante.

III

LE PROGRAMME AGRICOLE DES LIBÉRAUX

§ 1ᵉʳ. L'INITIATIVE PRIVÉE

Les Gouvernements, Dieu merci! ne procèdent pas comme les théoriciens des partis à la solution des problèmes économiques et sociaux. Ils ne rêvent pas de faire table rase de la société actuelle et d'édifier sur ses ruines une cité nouvelle qui n'est que le produit de l'imagination des réformateurs et qui ne répond à aucune des conditions qui sont la nature même et la loi de l'humanité. Non! les hommes d'État, dignes de ce nom, ayant la responsabilité de la chose publique, savent qu'il leur faut tenir compte des éléments contingents que le progrès des temps a mis à leur disposition et des moyens d'action limités que les circonstances leur offrent. Ils se gardent bien de s'égarer dans les sphères nuageuses de l'idéal ni de l'absolu; ils restent fermement sur le terrain du réel et du possible, faisant concourir toutes les forces qui sont à leur portée à l'accomplissement de l'œuvre d'amélioration pratique et progressive à laquelle ils travaillent consciencieusement. Les rêveurs appellent cela de l'impuissance : ce n'est que de la sagesse et de la prudence pour atteindre plus sûrement le but.

Le parti libéral et modéré, qui est par essence un

parti de gouvernement et qui sait fort bien qu'il n'a pas entre les mains une baguette magique dont un mouvement suffit pour transformer en un clin d'œil l'ordre social tout entier et faire le bonheur du genre humain, se contente d'étudier les maux auxquels il peut espérer de porter remède, et les moyens par lesquels il peut améliorer le sort de ceux qui souffrent. Il ne prétend pas posséder le secret d'une panacée capable de guérir toutes les misères sociales, pas plus que les médecins ne la possèdent pour guérir toutes les maladies individuelles. Mais ce qui le distingue surtout, c'est sa foi profonde dans le pouvoir souverain de la liberté humaine pour arriver à la plus grande somme de bien-être que l'homme puisse conquérir ici-bas. Il croit fermement que l'individu peut être, dans une très large mesure, l'artisan de son propre perfectionnement et de son propre bonheur, et qu'il doit y travailler énergiquement en mettant en jeu tous les éléments d'activité que lui a donnés la mystérieuse Providence qui lui a imposé la vie terrestre.

Tandis que la politique radicale tend à élargir outre mesure l'autorité et l'intervention de l'État dans le domaine individuel, tandis que la politique socialiste absorbe et annihile l'individu dans la communauté, la politique libérale le rend, au contraire, tout entier à lui-même, lui demande d'employer toutes ses forces personnelles à la poursuite et à la satisfaction de ses besoins et de compter le moins possible sur le Gouvernement pour marcher au but où il aspire. En un mot, elle veut surtout en faire un citoyen libre qui ne doive, en définitive, qu'à lui-même tout ce qui peut lui être utile.

Ce n'est pas qu'elle pratique, comme on l'en a faussement accusée, le système du laisser-faire, laisser-passer. Elle n'admet pas que l'État puisse rester indifférent aux progrès des collectivités et des unités sociales; mais elle ne veut pas en faire un maître qui commande et qui s'impose. Elle ne le comprend que comme un collaborateur et un auxiliaire qui intervient pour favoriser, de ses conseils ou de son appui, la marche civilisatrice vers le bien et vers le mieux.

§ 2. L'ŒUVRE DES SYNDICATS AGRICOLES

Jamais ce programme libéral, qui fait surtout appel aux initiatives privées, ne s'est affirmé avec plus d'évidence que dans la politique suivie à l'égard des populations rurales. Les républicains de Gouvernement connaissent trop bien l'esprit pratique, le bon sens et l'énergie de ces populations pour ne pas se fier à elles en tout ce qui concerne la direction et la défense de leurs intérêts. Les Pouvoirs publics prennent sans doute en leur faveur toutes les mesures qui peuvent leur être utiles et mettent à leur service tous les instruments de progrès et d'activité par lesquels elles peuvent améliorer leur condition; ils les éclairent sur la solution des importants problèmes qui les intéressent : mais c'est essentiellement sur leur initiative qu'ils comptent pour les résoudre dans le sens le plus avantageux.

Ce qu'on a surtout cherché à développer dans le monde agricole, c'est l'esprit d'association et la conscience des immenses résultats qu'il peut produire. Le siècle qui va naître sera certainement celui de l'association libre, qui fut la pensée maîtresse de la Révolution de 89 et qui est le véritable socialisme pratique. L'association, c'est l'effort combiné de toutes les libertés individuelles, et rien ne saurait égaler la puissance infinie des forces personnelles agissant en faisceau dans un intérêt et pour un but commun.

La création des Syndicats agricoles a été, à ce point de vue, l'irrésistible moteur que le parti libéral a mis, depuis treize ans, déjà, à la disposition du peuple des campagnes, et c'est une justice à rendre à ceux pour qui il était fait qu'ils en ont aussitôt compris les avantages et qu'ils s'en sont servis avec une merveilleuse habileté. Le fait capital est surtout, comme je l'ai dit plus haut, l'union étroite qui s'y est fortement établie entre tous les intéressés à la culture du sol, aussi bien les grands propriétaires que les petits, tous solidarisés par le même intérêt de production, d'exploitation et d'utilisation de leurs produits. Tandis que dans l'industrie les Syndicats, livrés à l'influence néfaste des politiciens, n'ont fait que semer la haine et la discorde entre les patrons et les ouvriers, les Syndicats agricoles ont cimenté entre tous ceux qui concourent au travail rural une coopération dévouée de tous les instants.

Il est inutile de répéter ce que sont devenus les Syndicats agricoles. Comme nous l'avons vu ci-dessus. bannissant de leurs réunions la politique militante, étrangers aux luttes des partis, et concentrés dans leur œuvre technique, ils ont pris en peu de temps un développement considérable. Ils se sont associés entre eux. Des Syndicats locaux sont sortis les Syndicats des Syndicats, les Unions des Unions au sommet desquels fonctionne le Syndicat Economique de France dont le siège est à Paris et qui étend son influence dans toutes les campagnes.

Sur cette forte organisation syndicale se sont fondées toutes les institutions qui ont eu pour but de réaliser de grands progrès en faveur de l'Agriculture nationale. Les Syndicats ont été, au début, des centres où se sont effectués en commun tous les achats d'objets et de denrées nécessaires à l'industrie agricole, les engrais, les semences, les instruments de travail. Ils ont aussi donné naissance à un grand mouvement de coopération où les associés se sont procuré, à des conditions extrêmement avantageuses, tout ce dont ils ont eu besoin. Puis ils sont devenus des Sociétés coopératives de vente pour réaliser en commun l'écoulement de leurs produits. Puis ils ont rendu possible l'organisation du Crédit agricole, qui est, à l'heure actuelle, en état de formation et qui fournira abondamment à l'Agriculture toutes les ressources qui lui manquaient jusqu'à présent. Ils faciliteront les assurances agricoles mutuelles où les cultivateurs trouveront les moyens de réparer les sinistres des intempéries.

Et combien d'autres progrès sont nés de cette vaste association ! Elle a pu établir l'assistance médicale dans plus de vingt-cinq départements, instituer des bureaux de placement pour les ouvriers, fermiers et régisseurs, une Société fraternelle où, en cas de maladie d'un membre du Syndicat, ses camarades pourvoient aux travaux de sa culture, des Caisses de retraites ouvrières, des Comités de consultation et d'arbitrage, des Chambres de Prud'hommes agricoles. Qui peut dire quelles proportions un pareil mouvement peut prendre ?

Ce qui est certain, c'est que toutes les grandes Sociétés d'agriculture sont étroitement liées à cette large association syndicale. Toutes, on peut le dire, ont contribué à lui imprimer la plus vive impulsion et toutes sont, de fait, associées à ses travaux. La famille agricole a pris ainsi une cohésion et une unité d'idées, d'intérêts et d'action qui lui donnent, dans la nation tout entière, une importance et une influence exceptionnelles.

Bientôt, sans doute, elle aura, comme le Commerce et l'Industrie, une représentation spéciale qui sera entre elle et les Pouvoirs publics l'organe autorisé de toutes ses revendications. La création de Chambres d'agriculture, couronnement naturel de la fédération des Syndicats, n'est plus désormais qu'une affaire de temps.

On voit, par ce rapide aperçu, combien les républicains de gouvernement ont eu raison de compter sur les heureux effets de l'initiative privée pour les progrès de l'industrie rurale et quels services considérables ils lui ont rendus en insérant simplement dans la loi sur les Syndicats professionnels l'article qui a autorisé les Syndicats agricoles.

§ 3. LA POLITIQUE ÉCONOMIQUE EN MATIÈRE D'AGRICULTURE

Le Gouvernement et la majorité parlementaire qui le soutient ont attesté leur vive sympathie pour l'agriculture, en adoptant et en appliquant une politique économique générale qui a pour principal objectif la protection des intérêts ruraux.

Ici, je suis obligé de faire des réserves personnelles. Partisan convaincu et dévoué de la liberté économique, ce n'est pas sans un vif regret que j'ai vu abandonner la politique des traités de commerce qui, de 1860 à 1870, a porté si haut la prospérité commerciale de la France, pour y substituer un régime protectionniste que je juge oppressif. Je crois que c'est une faute dont l'avenir démontrera la gravité; mais j'avoue qu'il serait superflu aujourd'hui de tenter de redresser cette erreur économique. Il y a, dans les deux Chambres, une forte majorité trop évidemment acquise aux principes de la protection pour qu'on puisse engager une lutte sérieuse au nom de la liberté commerciale avec quelque chance de succès. Il faut attendre et subir l'épreuve du temps.

Mais, quelque regret qu'on en puisse ressentir, la politique de protection triomphe et ceux qui l'ont inaugurée ont atteint leur but. Ils l'ont fait essentiellement pour favoriser les intérêts de l'agriculture aux dépens de ceux du commerce et de la consommation. Il est hors de doute qu'en agissant ainsi ils ont complètement répondu aux vœux des populations rurales et de toutes les Sociétés agricoles, et que la mesure a été fort avantageuse pour les producteurs de la terre. Ceux-ci demandaient d'être protégés contre la concurrence étrangère; on l'a fait, du moins dans de très larges et très efficaces proportions. Incontestablement ils ont lieu d'être satisfaits. Il est non moins vrai que le commerce national en souffre et que le consommateur en fait les frais par la surélévation factice des prix des objets de consommation; mais l'agriculture en a cer-

tainement le profit, et la preuve vient d'en être donnée
tout récemment. Les droits de 7 fr. mis sur les blés ont
maintenu le prix des céréales, dans la disette de
l'année dernière, à un niveau qui a permis aux cultivateurs de vendre leur stock de froment à des conditions très rémunératrices et de tirer un notable profit des
besoins de l'alimentation publique. La masse des
consommateurs, obligée de payer le pain cher, a pu se
plaindre, mais l'agriculteur n'a pu que rendre grâce
au Gouvernement d'avoir ainsi favorisé ses intérêts
particuliers.

.Tel est l'effet inévitable du système protectionniste.
Il fait le bien de quelques producteurs, mais c'est au
détriment du très grand nombre qui est intéressé dans
tout le pays au bon marché des produits de première
nécessité.

Quoi qu'il en soit, la politique économique du Gouvernement est une directe application de sa politique agricole. Elle a créé entre les Pouvoirs publics et les populations des campagnes des liens de mutuelle sympathie qu'il est impossible de méconnaître ; et c'est avec
une conviction raisonnée que M. Méline, dans sa réponse
à M. Jaurès, a pu invoquer, comme un titre de gloire
et comme un droit légitime à la reconnaissance de la
démocratie rurale, la fermeté avec laquelle il a fait
prévaloir et il maintient le régime protectionniste.

Je crois que la réaction se fera plus vite qu'on ne
pense, et que ce qu'il faudrait donner à l'agriculture,
ce serait moins des gages contre la concurrence étrangère, ce qui d'ailleurs nous ferme tous les marchés,
que des moyens de développer et de perfectionner la
production intérieure. Mais je ne me dissimule pas que

l'heure n'est pas propice pour soutenir cette thèse, et, d'autre part, je conviens que, si la majorité libérale se montre rigoureuse pour la protection des produits français contre les produits étrangers, elle ne néglige pas pour cela, dans une certaine mesure, les moyens d'améliorer les conditions de la production indigène, ainsi que nous allons le voir.

§ 4. LA SUPPRESSION DES OCTROIS

Si l'on a pu, par l'élévation des droits de douane, combattre et arrêter, dans l'intérêt de l'agriculture, la concurrence étrangère aux frontières, il n'en pouvait être de même pour la concurrence intérieure. Celle-ci s'exerce en toute liberté; elle est, pour tous les citoyens et tous les producteurs, un droit inviolable qui s'appelle la liberté des transactions et auquel personne ne peut songer à porter atteinte. Les diverses régions agricoles du territoire travaillent et produisent dans des conditions très différentes les unes des autres. Par suite, le prix de revient de leurs produits est très variable et le prix de vente l'est aussi. Il en résulte que tous les marchés où se concentrent les denrées des campagnes ont leurs mercuriales propres qui influent nécessairement sur celles du voisin, et, par une loi naturelle d'offre et de demande, c'est le marché où les prix sont les plus bas qui fait la loi à tous les autres. Or, la solidarité des divers marchés principaux du territoire a été considérablement accrue par la multiplicité, la rapidité et le bas prix des transports.

Ces marchés, autrefois séparés par de grandes distances, aujourd'hui rapprochés et unis par les chemins de fer, le télégraphe, certains même par le téléphone, n'en font en quelque sorte plus qu'un seul. Tous les produits analogues s'y font une concurrence, qui est une des causes principales de la baisse constante de valeur vénale qu'ont subie, depuis plus de quinze ans, toutes les denrées de la terre.

Cette situation, qui résulte de la nature même des choses, a été considérablement aggravée par le régime des Octrois. La charge exceptionnelle que les douanes intérieures ont imposée aux produits du sol à leur entrée dans les villes, avait inévitablement pour effet d'augmenter artificiellement leur prix de revient et de troubler profondément toutes les conditions normales de l'offre et de la demande. Ainsi, dans un même centre où fonctionne l'Octroi, tandis que, hors du mur d'enceinte, les produits agricoles affranchis de la taxe d'entrée se vendent à un certain prix, à l'intérieur de la ville, ils coûtent notablement plus cher, majorés des droits qu'ils ont payés à la barrière. Il y a donc, côte à côte, des concurrences immédiates qui modifient les prix régulateurs du marché.

D'ailleurs, l'Octroi n'est pas seulement contraire à l'unité des prix dans les villes où il est spécialement établi.

Il n'y a, en France, que 1.526 communes où l'entrée des denrées est passible de taxes exceptionnelles. Dans toutes les autres, où leur importation est libre de toute rétribution, les conditions de vente et d'achat sont naturellement plus favorables et les produits de ces pays privilégiés font, dès lors, une sérieuse concurrence à ceux des pays qui sont sous le régime d'exception des douanes intérieures.

Il est clair que, pour rétablir l'équilibre et, autant que possible, l'uniformité des marchés, le moyen est indiqué de lui-même. Il consiste à supprimer les droits d'octroi. Depuis qu'on les a rétablis par un subterfuge, il y a plus de cent ans, ou plutôt depuis qu'on a ressuscité, sous cette forme, les gabelles de l'ancien régime, tous les Gouvernements ont promis cette suppression. Aucun ne l'a réalisée. Il a fallu arriver jusqu'à ces derniers jours pour voir s'accomplir enfin une réforme partielle que les populations réclamaient vainement depuis tant d'années. Il a fallu que le programme agricole des républicains de gouvernement comprît cette importante réforme pour qu'elle passât enfin des discussions théoriques aux applications pratiques.

Une loi toute récente a supprimé les droits d'octroi sur les boissons hygiéniques et autorisé en même temps les communes, qui le voudraient, à une abolition plus générale de leurs octrois, en leur imposant un délai rigoureux pour l'exécution de la réforme des boissons.

La hache est donc mise à l'arbre et la solution définitive n'est plus qu'une affaire de temps. On me permettra de dire, que, dans la mesure de mes forces, j'ai fait tout ce que j'ai pu pour concourir à une réforme que j'ai toujours considérée comme indispensable, aussi bien dans l'intérêt de tous les producteurs que dans celui de tous les consommateurs. J'ai traité à fond cette question dans deux ouvrages précédemment publiés : l'un sur le *Budget,* l'autre sur la *Réforme des*

Impôts (1), et, dans l'appel que j'ai adressé à la bourgeoisie libérale, je mettais au rang des réformes auxquelles elle devait s'attacher la suppression des Octrois, même au prix de très sérieux sacrifices de sa part pour faire le bien des agriculteurs et des ouvriers. J'ai eu à soutenir à ce sujet une importante discussion à la *Société d'Économie Sociale,* dont j'ai l'honneur de faire partie (2). Je ne puis donc que me féliciter de voir le Gouvernement entrer, aussi nettement qu'il vient de le faire, dans cette voie de progrès. L'agriculture, qui en éprouvera directement les heureux effets, doit s'en féliciter également.

Mais il importe qu'on persévère dans l'œuvre entreprise. La suppression des droits d'octroi sur les boissons n'est qu'un premier pas et il faut marcher plus avant. Elle n'est réellement profitable qu'à la viticulture. Tout commande d'étendre le principe et la faveur à toutes les denrées qui intéressent l'alimentation publique. La logique le veut et la politique agricole des libéraux serait incomplète si on restait à mi-chemin. Leur programme, pour les prochaines élections, doit évidemment comprendre, sur ce point, l'achèvement de la réforme inaugurée.

---

(1) LE BUDGET, CE QU'IL EST, CE QU'IL PEUT ÊTRE. Paris, 1892, Guillaumin, éditeur.

RÉFORMES PRATIQUES DANS LE RÉGIME DES IMPÔTS. Paris, 1895, Guillaumin, éditeur.

(2) Le compte rendu développé a été publié par la *Réforme Sociale.* La séance a eu lieu en mars 1894.

§ 5. LES SOCIÉTÉS COOPÉRATIVES. — LA MUTUALITÉ

La réforme des Octrois, qui doit avoir pour effet de rendre un signalé service à la santé publique en mettant obstacle aux falsifications de denrées que favorisent les barrières et en développant la consommation des produits naturels directement vendus par le propriétaire rural qui les a cultivés, a également pour but de faciliter la solution de deux questions d'un intérêt capital pour l'Agriculture.

Son premier avantage est de permettre au producteur de se mettre en rapport direct avec le consommateur et de donner par là une vive impulsion au progrès des Coopératives Agricoles dans les villes. Un autre résultat, non moins important, consiste à réduire très efficacement le rôle et l'action des intermédiaires, troupe parasite qui vit aux dépens du producteur rural, et prélève, à son profit, le plus gros et le meilleur des bénéfices des récoltes. Le jour où l'agriculteur pourra traiter librement et personnellement soit avec les commerçants, soit avec les consommateurs des villes, sans passer sous les fourches caudines des octrois, l'intermédiaire onéreux n'aura, pour ainsi dire, plus de raison d'être. Le jour où il pourra introduire ses produits en franchise dans tous les centres du pays, il pourra y organiser de vastes Sociétés coopératives qui, agissant sans esprit de lucre, fourniront à leurs associés toutes les denrées nécessaires à la vie quotidienne, à des prix excessivement favorables, et ces prix deviendront, par la force des choses, les régulateurs et les modérateurs du marché.

Il a fallu l'organisation des Syndicats agricoles pour que le système de la coopération prît, dans les campagnes, l'extension que nous voyons depuis peu d'années. Auparavant, la loi de 1867, qui en a posé les principes et les bases, était restée à peu près une lettre morte pour les travailleurs de la terre, aussi bien que pour les travailleurs de l'industrie. Ce n'est que dans ces derniers temps qu'on a commencé à en comprendre les avantages. Lorsque les Syndicats agricoles eurent reconnu les excellents effets de leur union pour leurs achats en commun, ils conçurent l'idée corrélative de vendre également leurs produits en commun et d'organiser de grandes coopérations de consommation, soit pour y vendre les denrées à des tiers, soit pour les distribuer à des associés coopérateurs à des conditions excessivement favorables. C'est dans ce but qu'ont été fondées déjà et que fonctionnent d'assez nombreuses coopératives, des laiteries, des fruiteries, des fromageries, des féculeries, des distilleries, des moutures de grains, des entreprises de panification et de vinification, des boucheries, etc., qui font une somme importante d'affaires sans avoir besoin de vendre aux détaillants ni de satisfaire aux exigences des intermédiaires. On peut juger de l'influence que cette organisation exerce sur les intérêts du producteur et du consommateur par ce fait que les boucheries de Lyon, de Nîmes et d'Avignon, par exemple, ont déterminé une baisse de 35 centimes par kilo sur le prix de la viande, et une hausse de 15 à 30 francs par tête de bœuf.

Il est bien évident que la suppression des octrois imprimera un nouvel élan à cette œuvre si remarquablement entreprise. La Chambre a attesté combien elle s'intéressait à ces progrès en décrétant naguères que les Coopératives qui se bornent à fournir des denrées à leurs associés sont exemptes de l'impôt des patentes. Il y a lieu d'abroger les dispositions législatives qui, au point de vue de la formation du capital social ou de l'administration de la Société, entravent encore la création et le fonctionnement des Coopératives. Mais ce ne sont plus là que des détails secondaires sur lesquels est portée aujourd'hui l'attention des Pouvoirs publics et qui ne peuvent tarder à être réglés par une loi plus générale et plus complète.

La Coopération a, d'ailleurs, des formes et des applications infinies, et quand elle sera définitivement entrée dans les mœurs des populations agricoles et ouvrières, c'est un levier avec lequel on pourra soulever le monde du travail.

Il existe, par exemple, dans certaines petites communes rurales de Provence, un ancien usage qui associe tous les cultivateurs pour travailler ensemble, les uns pour les autres, à tous les travaux des champs, aux grandes époques agricoles de l'année. Tous se mettent mutuellement à l'œuvre pour les labours, les moissons, les vendanges, les récoltes de foins ou de fruits. Chacun met, tour à tour, à la disposition de la besogne commune, non seulement ses bras et ceux de sa famille, mais ses chevaux, ses bœufs, ses instruments aratoires. Les meules de blé sont réunies sur une aire commune, et le battage s'y fait alternativement pour tous les intéressés. Inutile d'ajouter que ce concours est absolument gratuit, ce qui économise une main-d'œuvre coûteuse. Voilà un remarquable exemple de solidarité et de mutualité. Ne pourrait-on pas faire aujourd'hui de cette coutume particulière le principe d'une coopération régulière de travail agricole, où tous les associés s'engageraient à travailler les uns pour les autres à l'occasion des grands travaux périodiques, qui exigent un effort plus grand et plus rapide ? Qui ne voit tous les avantages qu'on pourrait retirer de cette association pour s'épargner d'abord des dépenses importantes, ensuite pour donner à la petite culture, par l'emploi de machines ou d'objets plus perfectionnés, les principaux avantages de la grande ?

Il reste même à savoir s'il ne serait pas possible d'arriver un jour à la propriété associée. Elle multiplierait les forces des petits exploitants et pourrait ouvrir des perspectives d'avenir à la classe intéressante des ouvriers agricoles, qui ne vivent aujourd'hui que d'un trop modique salaire. Il y a, en France même, de très vastes espaces, à l'état de friches ou de forêts, où l'on pourrait installer de véritables colonies d'ouvriers de la terre. Ils y travailleraient ensemble coopérativement et y acquerraient, avec le temps, une propriété individuelle de façon à être ramenés, par leur intérêt personnel, des villes où ils abondent vers les champs qu'ils délaissent.

C'est à la coopération, ou plutôt à la mutualité qui en est l'âme, qu'il faut demander toutes ces institutions d'assistance publique, qui ont rendu tant de services à la population malheureuse des villes. Elles sont une des causes principales qui attirent vers les grands centres les ouvriers des champs, en leur assurant des secours que la vie de campagne n'a pu leur procurer jusqu'à présent. Sous ce rapport, on peut même constater déjà que le sentiment de ce devoir se généralise dans l'esprit des populations rurales. Un mouvement significatif s'est produit depuis quelque temps dans un certain nombre de communes. On y a songé, par voie d'association mutuelle, à l'établissement d'hospices, de caisses de secours, de retraites pour les ouvriers de la terre et pour les vieillards. Tout est sans doute encore à l'état embryonnaire ; mais quand on aura mieux expérimenté par ses fruits la valeur du principe de la mutualité, les applications s'en étendront d'elles-mêmes et peu à peu l'œuvre de progrès prendra des proportions de plus en plus larges.

Où l'association mutuelle trouve déjà sa plus grande et sa plus féconde influence, c'est en ce qui concerne les assurances agricoles. Seules, les assurances mutuelles peuvent, on le sait, se prêter à la réparation plus ou moins complète des sinistres dont l'intempérie des saisons frappe inexorablement les récoltes. Or, les assurances mutuelles ont encore fait peu de progrès dans les mœurs des populations rurales. En général, elles semblent préférer recourir aux subsides que le Gouvernement inscrit chaque année au budget pour indemniser tant bien que mal les agriculteurs éprouvés par les fléaux du ciel. Le budget de 1898 introduit dans ce système une innovation importante. Il autorise l'État à employer une partie de cette allocation en subventions au profit des assurances mutuelles agricoles, espérant, non sans raison, que c'est un moyen de stimuler l'initiative des campagnes à concourir au développement de ces assurances. Il est à désirer que cette pensée, toute dans l'intérêt des propriétaires ruraux. soit comprise et sanctionnée par eux.

§ 6. LE ROLE DES INTERMÉDIAIRES. — LES WARRANTS AGRICOLES

En ce qui concerne les intermédiaires, il y a long-temps qu'on proteste contre leur intervention abusive. Le rôle qu'ils jouent sur le marché des denrées en abaisse ou en élève arbitrairement les prix. Le bénéfice considérable qu'ils en retirent, les spéculations, plus ou moins régulières, qu'ils favorisent et auxquelles ils se livrent, tout se réunit pour porter un grave préju-dice aux agriculteurs et prendre le plus clair des profits espérés de la vente de leurs récoltes. Toutes les Sociétés d'agriculture ont demandé souvent qu'on les soùmît à une réglementation sévère et restrictive. Mais il faut pour cela toucher à la liberté des transac-tions et c'est aussi difficile que dangereux. Après tout, de quel droit empêcher un vendeur de traiter, à ses risques et périls, par la voie d'un intermédiaire quelconque, et celui-ci d'en retirer un bénéfice ? Ce sont des opérations parfaitement licites et c'est à chacun à avoir lui-même le soin et la responsabilité de ses intérêts. Tout au plus peut-on atteindre les spéculations frauduleuses ou les traités fictifs qui faussent la loi normale du Marché. C'est en effet la question qui est actuellement à l'étude, et pour laquelle une Commission spéciale est à l'œuvre. La liberté du Marché ne doit pas nuire à sa sincérité et à son honnêteté. Seulement, si l'on peut édicter des me-sures et des peines contre les spéculations frauduleuses, il faut bien respecter celles qui ne sont que le jeu régu-lier du commerce libre.

Mais ce que la loi ne peut faire, l'initiative privée en fournit le moyen. C'est en cela que le mouvement coopératif peut exercer la plus salutaire influence. Il y a dans les Sociétés coopératives toute la force nécessaire pour annuler ou dominer la tyrannie des intermédiaires. D'abord, elles peuvent, en général, se passer de ces agents parasites, et faire leurs affaires elles-mêmes, n'ayant plus besoin de personne dans les rapports directs du producteur et du consommateur. Ensuite, si elles emploient les offices d'un tiers, au lieu de subir sa loi comme aujourd'hui, elles peuvent lui imposer la leur et ne l'admettre que dans des conditions favorables à leurs intérêts. Le nombre des intermédiaires, en fait d'alimentation, qui était de 239.000 en 1886, s'est élevé jusqu'à 263.000. Il diminuerait rapidement, si partout s'établissaient des coopératives de production et de consommation. En tous cas, il est facile de comprendre à quel point les inconvénients et les conséquences onéreuses de leur intervention seraient atténués par cette concurrence permanente de la coopération. C'est là qu'est le remède le plus efficace pour affranchir l'Agriculture de la sujétion où la tiennent les intermédiaires. L'instrument de sa libération est entre ses mains : elle n'a qu'à s'en servir.

Sa défense est moins facile, en l'état actuel des choses, contre les spéculateurs qui, par leurs opérations combinées dans le sens de la hausse ou de la baisse, suivant qu'ils accaparent les produits agricoles ou qu'ils les jettent en masse sur le Marché, exercent de fait une sorte de pouvoir souverain auquel rien ne peut faire obstacle. C'est la lutte finalement inégale des gros capitaux

contre les petits, de ceux qui peuvent attendre les moments propices contre ceux qui ne le peuvent pas et que
le besoin pressant met à la merci des premiers. Qui-
conque connaît la situation des petits cultivateurs sait,
qu'épuisés par les dépenses de la culture, ils sont
obligés de vendre leurs produits à l'époque voisine de
la récolte pour se créer des ressources en vue des
travaux prochains et des dures nécessités de l'existence. C'est le moment psychologique qu'attendent et
épient les joueurs sur denrées agricoles, principalement en matière de céréales, presqu'aussi nombreux
et aussi aventureux que les joueurs sur les fonds
publics. Les produits, abondant sur le Marché, y déter-
minent naturellement un mouvement de baisse dans
les prix de vente et la spéculation aléatoire en profite
pour acheter des masses considérables de marchandises. Or, n'étant nullement pressée de réaliser ses
opérations, elle met son énorme stock en réserve, ce
qui fait le vide sur le Marché et y amène forcément
une hausse plus ou moins importante. Alors, elle
revend avec des bénéfices énormes, de sorte qu'après
avoir opprimé le vendeur obéré, elle élève arbitrairement, au grand détriment du consommateur, le prix
vénal des objets alimentaires de première nécessité.

Les choses ne se passeraient pas ainsi si le cultivateur pouvait attendre, lui aussi, l'heure opportune
pour vendre ses produits avec avantage, sans être
contraint à passer sous les fourches des intermédiaires
et des spéculateurs, généralement complices les uns
des autres. Que lui faudrait-il pour cela ? Des avances
qui lui permettraient de ne réaliser ses récoltes que
lorsqu'on lui en donnerait le prix réel qu'elles valent.

Or, il n'a pas les moyens d'action et de crédit qui permettent à l'industrie de déjouer les manœuvres de la spéculation. Elle peut donner, sous forme de warrants, les marchandises qu'elle a en entrepôt, en gage à des prêteurs qui lui avancent, sur cette garantie légale, toutes les sommes dont elle a besoin.

Eh bien ! pourquoi ne pas accorder à l'agriculture les mêmes facilités ? Un projet de loi a été élaboré dans ce but. Il a été déjà adopté par la Chambre, et il le sera, sans doute, par le Sénat. Il propose la création de Warrants agricoles, établissant le gage sans déplacement du produit qui restera déposé chez l'agriculteur lui-même et conférera, au prêteur, tous les droits du privilège.

C'est évidemment la solution de la question. Les Syndicats s'entendront entre eux pour généraliser l'usage des warrants et ne laisser porter les produits sur le marché que dans des circonstances favorables. Ce sera un contrepoids d'une grande puissance contre les combinaisons et les manœuvres de la spéculation. C'est pour cela, surtout, que l'organisation du Crédit Agricole, dont je parlerai bientôt, sera du plus précieux secours pour faire, aux agriculteurs, toutes les avances nécessaires. Il faudra seulement que ceux-ci acquièrent une qualité qui leur a manqué jusqu'ici : celle de commerçants clairvoyants pour bien juger les conditions favorables ou contraires du Marché. Mais si la saine pratique des choses leur donne cette expérience, ce sera, pour eux, double profit.

§ 7. LE DÉGRÈVEMENT DES IMPÔTS

L'œuvre capitale accomplie par les républicains de Gouvernement en faveur de l'agriculture a été la politique des dégrèvements et la création du Crédit agricole. Par les dégrèvements on réduit les charges excessives qui pèsent sur la propriété rurale et on diminue les frais généraux de la production; par l'organisation du crédit on fournit aux cultivateurs les ressources nécessaires pour améliorer et accroître les produits de leur terre et pouvoir attendre la réalisation de leurs récoltes.

Depuis bien longtemps, la population des campagnes se plaint de la lourdeur des impôts qui la frappent et réclame un plus juste équilibre entre ceux auxquels est assujettie la propriété immobilière et ceux qui grèvent la propriété mobilière. L'écart n'est peut-être pas aussi considérable qu'on le prétend entre les charges contributives des deux propriétés. J'ai établi, dans mon livre sur les impôts, par des chiffres positifs, qu'il fallait notablement en rabattre. Mais, quelle que soit la situation respective des deux catégories de contribuables devant le Fisc, il est certain que la terre supporte un poids excessif qui représente 20 à 25 0/0 du revenu. C'est le parti libéral qui a entrepris l'œuvre de réparation pour l'agriculture chaque fois qu'il a été au pouvoir. Le ministère Rouvier a réalisé un premier dégrèvement de 15 millions, sur le principal de l'impôt foncier concernant les propriétés non bâties. Le ministère Méline y a ajouté, dans le budget de 1898, un second dégrèvement d'environ 26.000 millions. On conviendra que c'est un allégement très notable, d'autant plus que le dernier dégrèvement doit porter essentiellement sur les petites cotes, et être ainsi un bienfait d'une réelle importance pour les petits propriétaires. Il est hors de doute que la munificence du Gouvernement et des Chambres ne s'arrêtera pas là. On est entré dans la voie et on y persévérera à coup sûr. La plus grande partie de l'impôt foncier sera successivement réduite, et satisfaction sera progressivement donnée aux vœux de toutes les Sociétés d'agriculture qui ne cessent de solliciter, à l'envi, la suppression, ou du moins, la réduction considérable du principal de l'impôt foncier.

D'autres dégrèvements sont, d'ailleurs, sur le point de se réaliser. Les réformes fiscales proposées par le Ministre des finances et qui ont pour objet la suppression de la contribution des portes et fenêtres et la transformation de la taxe mobilière et personnelle, sont de nature à profiter à des milliers de contribuables, parmi lesquels un très grand nombre de petits propriétaires ruraux. Il faut aller plus loin encore, et diminuer les droits de mutation que, suivant le mot du Président du Conseil « la terre traîne comme un boulet ». Il faut que la loi des successions soit améliorée de façon à rendre plus facile et moins onéreuse la transmission des héritages qui, dans les campagnes, impose des frais énormes, et que la déduction du passif crée plus de justice dans la perception de l'impôt. Mais ce sont là des détails d'exécution et des applications d'un principe qui est désormais adopté comme programme fondamental de la politique fiscale du Gouvernement à l'égard de l'agriculture. Le développement s'en fera de lui-même.

§ 8. LE CRÉDIT AGRICOLE

L'organisation du Crédit agricole par l'établissement de Caisses régionales de Crédit mutuel est le couronnement de la politique suivie par le Gouvernement dans l'intérêt de l'agriculture. L'idée d'appliquer le principe de la mutualité au Crédit, en faveur des populations ouvrières et rurales, n'est pas précisément une nouveauté. Il existe, depuis assez longtemps déjà, en Ecosse, en Allemagne, en Autriche, en Italie, des institutions populaires et agricoles reposant sur ce principe et qui sont arrivées à un remarquable degré de prospérité, sous l'impulsion d'hommes tels que : Schulze-Delitsch, Raiffensen, Vollenborg et Luzzatti. Ce ne sont pas des banques d'État, mais des entreprises d'initiative privée, et il est hors de doute que c'est à leur indépendance qu'elles ont dû en grande partie leurs succès. Elles ont pu rendre, dès l'origine, de grands services. En France, on a paru croire, avant l'époque où nous sommes, que ce système n'offrait pas de suffisantes garanties. Il s'était établi en 1860 une banque de Crédit agricole qui échoua lamentablement. Elle fit des affaires aventureuses et malheureuses; d'ailleurs elle ne reposait pas sur le système de la mutualité. Cette fâcheuse expérience avait peu encouragé une nouvelle épreuve. Cependant, en 1892, le Ministre des finances d'alors, M. Jules Roche, pensa qu'il était bon d'étudier si l'on ne pouvait pas organiser parmi nous le Crédit mutuel, soit pour les ouvriers, soit pour les agriculteurs. Il institua dans ce but une Commission, dont j'ai eu l'honneur de faire partie, et où j'ai été chargé de certains rapports importants (1). Elle examina la question à fond et proposa divers moyens d'exécution. L'œuvre de cette Commission fut terminée à la fin de l'année. Elle émit une opinion favorable et conclut à l'établissement d'une Banque centrale de Crédit populaire et agricole. Cette banque devait être fort différente, du reste, dans sa constitution et dans son mécanisme, de celle de 1860. Elle devait avoir essentiellement pour coopérateurs les Syndicats professionnels et agricoles, transformés et doués des pouvoirs nécessaires pour faire, sur la base de la mutualité, des opérations de crédit en faveur de leurs membres. La garantie des engagements pris par les sociétaires emprunteurs résultait de la mutualité elle-même, qui, sans être la solidarité absolue, liait et obligeait toute l'association. L'ensemble des cotisations et des réserves constituait les ressources propres de la Société prêteuse et escompteuse, et le gage des créanciers.

Ces idées, répandues à cette époque, eurent l'heureuse chance de fixer l'attention des Pouvoirs publics. D'autres hommes éminents en étaient également pénétrés et M. Méline, alors député, présenta à la Chambre, dans ce but, une proposition qui est devenue la loi du 5 novembre 1894, laquelle autorisa les Syndicats Agricoles à fonctionner comme Sociétés de crédit mutuel, et, pour les favoriser, les dispensa de la pa-

---

(1) Cette Commission se composait, sous la haute présidence du Ministre, de : M. Saisset-Schneider, conseiller d'Etat, président ; Bonthoux-Laville, maître des requêtes ; Chardon et Roussel, auditeurs au Conseil d'Etat ; Cottin-Angar, directeur de la Société d'Assurances Mutuelles, incendie, S.-et-O., et Edouard Cohen, licencié en droit, membre de la Société d'Economie sociale.

tente et des droits sur les valeurs mobilières. On voit que, dès ce moment, l'homme d'État qui est aujourd'hui président du Conseil, avait conçu le plan de la politique agricole qu'il a si résolument pratiquée depuis qu'il est au pouvoir. En ce qui concerne spécialement le Crédit agricole, je crois devoir rappeler qu'il est juste d'en attribuer en partie le succès à la Commission de 1892, qui, la première, a étudié la question.

Logique avec ses convictions, M. Méline, ministre de l'Agriculture et chef du Gouvernement, a fait de l'institution des Sociétés de crédit agricole la clef de voûte du système général par lequel il voulait servir les intérêts de l'agriculture ; il a préféré, à l'institution d'une Banque centrale, la création d'un certain nombre de Caisses régionales, estimant que le crédit est plus solide lorsque ceux qui l'accordent peuvent mieux juger de près la valeur personnelle et matérielle de celui qui le sollicite et qui le reçoit. Cette organisation spéciale ne fait rien au principe en lui-même. C'est bien la Mutualité qui est définitivement introduite dans le mécanisme du crédit et qui va imprimer une puissante impulsion à la prospérité et aux progrès de l'agriculture.

On sait que, pour lui donner, dès le début, toutes les forces nécessaires, on a consacré à son organisation toute la somme que la Banque de France s'est engagée à prêter, comme condition du renouvellement de son privilège, à l'Etat, sans intérêts. Il ne s'agit de rien moins que de 40 millions, plus l'annuité qu'elle doit lui payer sur les bénéfices, soit 2 à 3 millions par an. Or l'Etat, à son tour, doit remettre ces sommes aux Caisses régionales de crédit agricole mutuel, à titre d'avances également sans intérêts. Il leur fournit ainsi, dès le début, un capital de roulement nécessaire à leurs opérations normales, en attendant qu'elles en constituent un avec leurs propres ressources. C'est un riche cadeau d'avènement, grâce auquel les Caisses créées pourront fonctionner sans délai et rendre tous les services qu'on attend d'elles.

La loi qui a été déposée récemment pour cette organisation a été votée par la Chambre. Elle autorise les Caisses régionales à recevoir des dépôts en compte courant, et à émettre des bons garantis par les effets en portefeuille, ce qui mettra à leur disposition certainement un grand mouvement de fonds. On évalue à plus de 200 millions la masse annuelle des affaires auxquelles elles pourront prêter leur concours. Les billets souscrits par le sociétaire emprunteur et par la Société locale, avec laquelle il traite directement, seront endossés par elle et négociés ensuite sans difficulté à la Banque de France, avec les trois signatures réglementaires. Ils seront à une échéance de neuf mois, à cause des conditions exceptionnelles où le crédit doit être distribué à l'agriculture. La Banque n'escomptant qu'à trois mois, il sera pourvu à la différence par les encaisses spéciales des caisses régionales. En somme d'ailleurs, tout établit que l'intérêt de ces prêts agricoles ne dépassera guère le taux de 3 0/0 par an.

Est-il nécessaire d'insister sur les avantages considérables de ce système ? C'est l'agriculture, affranchie pour toujours du fléau de l'usure qui la ruinait, ayant à bon marché tout l'argent dont elle peut avoir besoin pour des œuvres sérieuses d'amélioration et de production. C'est une ère, sans précédent, d'activité, de progrès et de prospérité s'ouvrant devant elle. On ne pouvait terminer plus heureusement, pour le bien des campagnes, cette période législative où le Gouvernement et la majorité libérale ont montré tant de sollicitude pour tout ce qui intéresse les populations rurales.

CONCLUSION

J'ai exposé, dans ses éléments essentiels, la politique agricole qu'ont si constamment suivie, depuis quelques années, mais surtout dans les deux dernières sessions, au Pouvoir et à la Chambre, les républicains de Gouvernement, que je préfère appeler de leur vrai nom, les libéraux, en regard des radicaux et des révolutionnaires de gauche. Pour tous ceux qui voudront apprécier les choses avec impartialité, il en résultera qu'un remarquable esprit de suite a présidé à toutes les mesures qui ont été prises, dans cet intervalle, pour satisfaire les vœux et sauvegarder les intérêts de l'agriculture nationale, et que toutes ont fait partie d'un plan d'ensemble destiné à assurer la prospérité et le bien-être des populations rurales. On ne s'est pas arrêté un seul instant dans la voie tracée, et l'on a marché au but avec autant de rectitude que de décision. On a surtout procédé avec méthode et certitude, réunissant avec infiniment de soin tous les éléments de solution pratique avant d'agiter stérilement les problèmes, suivant pas à pas les besoins réels de la production intérieure, les vicissitudes des crises qu'a subies l'industrie de la terre et appliquant le remède efficace à l'heure opportune.

Les points fondamentaux de ce vaste programme, dont je n'ai pu analyser tous les détails d'application, se résument dans trois grandes doctrines économiques : lé défense de la production agricole contre la concurrence extérieure et intérieure ; la création des Syndicats agricoles pour développer, par le principe d'association, l'initiative privée sous toutes ses formes ; la constitution du Crédit Agricole pour mettre, largement et libéralement, à la disposition de l'industrie de la terre, d'abondantes ressources de nature à pourvoir à tous ses besoins (1).

J'ai pu faire des réserves sur le régime protectionniste, qui combat la concurrence des produits étrangers ; mais j'ai reconnu que, si le consommateur peut s'en plaindre, l'agriculteur en retire un grand profit. Quant aux Syndicats, j'ai montré les immenses avantages que la propriété rurale a trouvés à la pratique progressive de ce fécond système d'association, de solidarité et de mutualité intelligente, et quelles merveilleuses applications il peut recevoir dans toutes les conditions de la vie du producteur agricole. On peut dire, dès à présent, que les mœurs des campagnes s'en sont déjà transformées. Les forces individuelles se sont partout unies en faisceau pour devenir une force commune capable d'accomplir les œuvres les plus mer-

---

(1) Je n'ai pu parler de la réforme en matière hypothécaire, de la revision du Code pénal au point de vue du vagabondage, de la réduction des prix de transports, etc. Le programme, comme je viens de le dire, est des plus vastes, et je me suis contenté, dans les limites de cet ouvrage, d'en retracer les principaux éléments.

veilleuses. C'est bien, suivant le mot de M. Kergall, le dévoué auxiliaire de la Démocratie rurale, « l'Union pour la vie », substituée à la vieille et fausse maxime de « la lutte pour la vie », qui n'est que la guerre des intérêts rivaux, au lieu d'être le concours des intérêts communs.

Voici maintenant que l'organisation du Crédit Agricole va apporter, à des conditions exceptionnellement favorables, des centaines de millions pour aider le petit cultivateur, comme le grand, à améliorer les terres, à en accroître les produits et les revenus, à attacher encore plus d'intérêts et d'individus à la vie des champs et à répandre dans tout le territoire l'aisance, fruit d'un travail plus rémunérateur.

Je puis donc dire, à bon droit, après avoir constaté tous ces efforts, toutes ces mesures et tous ces résultats, que le Gouvernement de la République a dignement accompli l'œuvre bienfaisante qu'il a conçue dans l'intérêt des propriétaires ruraux, et qu'il a poursuivie avec tant de persévérance. En m'adressant à ceux dont il a voulu si sincèrement faire le bien, je puis leur dire en toute conscience : « Êtes-vous satisfaits ? Reconnaissez-vous, par l'évidence des faits, combien ont été paternelles, sympathiques et efficaces à votre égard les intentions et les résolutions de ceux qui, surtout depuis deux ans, ont la responsabilité de la chose publique ? Si comme il est impossible d'en douter, vous répondez affirmativement, j'ajouterai avec confiance : « Soyez logiques avec la voix de votre conscience, avec les conseils de vos propres intérêts, et, permettez-moi de le dire, avec un vrai devoir de gratitude. Fortifiez, par votre haute et solennelle approbation, les hommes

qui vous ont rendu ces signalés services et donnez-
leur, pour l'avenir, tous les moyens d'action, toute l'autorité, toute la puissance nécessaire pour achever l'œuvre de régénération matérielle et morale qu'ils ont si
brillamment conduite jusqu'à présent en votre faveur
et dont vous ressentez déjà les heureux effets.

« Les élections générales se préparent. Les millions
de suffrages qui viennent de vous y jouent un rôle considérable. Voulez-vous donner à la majorité libérale,
qui a déjà réalisé une si large part du programme destiné à assurer votre avenir, de nouvelles forces pour
terminer ce qu'elle a si bien commencé ? Voulez-vous,
au contraire, livrer et compromettre vos intérêts aux
mains des radicaux, qui n'ont jamais rien fait pour vous,
ou des socialistes révolutionnaires, qui ne rêvent que la
suppression de la propriété et de la liberté individuelle
et le bouleversement de l'ordre social ?

« C'est, en ce qui vous concerne, le dilemme qui
va se poser pour vous devant le suffrage universel.
Votre réponse ne peut pas être douteuse. Vous reste-
rez fidèles à ceux qui ont tout fait pour vous être
utiles. »

Si, en elle-même, la question agricole n'est pas
indissolublement liée à la politique générale, il est hors
de doute qu'elle en subit l'influence et qu'il a fallu la
prédominance du parti libéral au pouvoir pour rendre
possibles les solutions pratiques qui ont prévalu. Sans
doute, le peuple des campagnes mettra en première
ligne le souci des intérêts ruraux et exigera de ceux
qui solliciteront ses suffrages des garanties sérieuses
et de formelles promesses de les défendre. Mais, il est

hors de doute qu'il a désormais la conviction que, seul, le parti libéral est en mesure de les sauvegarder, et que sa politique intérieure et extérieure est la meilleure qui puisse répondre aux vœux et aux besoins du pays tout entier.

N'est-ce pas, au plus haut degré, une politique d'apaisement, de conciliation sincère, de tolérance réciproque, c'est-à-dire ayant pour but essentiel la paix intérieure, si nécessaire pour la sécurité du travail national? Or, à qui cette sécurité est-elle plus nécessaire qu'aux ouvriers des champs?

N'est-ce pas une politique de stabilité gouvernementale pour pouvoir suivre de longs et féconds desseins à longue échéance? Or, à qui la stabilité est-elle plus nécessaire qu'aux intérêts permanents de la propriété rurale?

N'est-ce pas une politique qui combat et contient les ennemis de l'ordre et de la société? Or, où peut-on redouter, plus que dans les campagnes, les éventualités et les excès des révolutions?

N'est-ce pas, enfin, une politique qui, grâce à la solidité des institutions et à l'évidence de la puissance nationale, a conquis des alliances et a pu reprendre, dans le concert des nations, un rang et une influence qui lui ont permis de concourir au maintien de la paix générale en assurant l'équilibre européen? Or, nos patriotiques paysans sont fiers de la grandeur de la France, et la paix qu'elle garantit au dehors est un de leurs premiers besoins.

Tout donc, dans la politique du parti libéral, est digne de l'adhésion et du concours des populations rurales, et, comme leur intérêt immédiat s'y lie indis-

.solublement, tout permet de prévoir que leurs suffrages se porteront de préférence sur les candidats dont le programme, consacré par tous leurs actes antérieurs, a, pour but essentiel, les intérêts de l'agriculture nationale.

Paris. — Imp. de la Presse, 16, rue du Croissant. — Simart.